U0835735

国有土地上房屋征收评估办法

中国法制出版社

经销/新华书店
印刷/涿州市新华印刷有限公司
开本/850×1168 毫米 32　　印张/2 字数/27 千
版次/2011 年 6 月第 1 版　　2012 年 2 月第 2 次印刷

中国法制出版社出版
书号 ISBN 978-7-5093-2925-2　　定价:6.00 元

北京西单横二条 2 号　邮政编码 100031　　传真:66031119
网址:http://www.zgfzs.com　　**编辑部电话:66066627**
市场营销部电话:66017726　　**邮购部电话:66033288**

目　录

关于印发《国有土地上房屋征收评估办法》的通知

建房〔2011〕77号

各省、自治区住房城乡建设厅，直辖市住房城乡建设委员会（房地局），新疆生产建设兵团建设局：

根据《国有土地上房屋征收与补偿条例》，我部制定了《国有土地上房屋征收评估办法》。现印发给你们，请遵照执行。

附件：国有土地上房屋征收评估办法

中华人民共和国住房和城乡建设部

二〇一一年六月三日

国有土地上房屋征收评估办法

第一条 为规范国有土地上房屋征收评估活动，保证房屋征收评估结果客观公平，根据《国有土地上房屋征收与补偿条例》，制定本办法。

第二条 评估国有土地上被征收房屋和用于产权调换房屋的价值，测算被征收房屋类似房地产的市场价格，以及对相关评估结果进行复核评估和鉴定，适用本办法。

第三条 房地产价格评估机构、房地产估价师、房地产价格评估专家委员会（以下称评估专家委员会）成员应当独立、客观、公正地开展房屋征收评估、鉴定工作，并对出具的评估、鉴定意见负责。

任何单位和个人不得干预房屋征收评估、鉴定活动。与房屋征收当事人有利害关系的，应当回避。

第四条 房地产价格评估机构由被征收人在规定时间内协商选定；在规定时间内协商不成的，由房屋征收部门通过组织被征收人按照少数服从多数的原则投票决定，或者采取摇号、抽签等随机方式确定。具体办法由省、自治区、直辖市制定。

房地产价格评估机构不得采取迎合征收当事人不当要求、虚假宣传、恶意低收费等不正当手段承揽房屋征收评估业务。

第五条 同一征收项目的房屋征收评估工作，原则上由一家房地产价格评估机构承担。房屋征收范围较大的，可以由两家以上房地产价格评估机构共同承担。

两家以上房地产价格评估机构承担的，应当共同协商确定一家房地产价格评估机构为牵头单位；牵头单位应当组织相关房地产价格评估机构就评估对象、评估时点、价值内涵、评估依据、评估假设、评估原则、评估技术路线、评估方法、重要参数选取、评估结果确定方式等进行沟通，统一标准。

第六条 房地产价格评估机构选定或者确定后，一般由房屋征收部门作为委托人，向房地产价格评估机构出具房屋征收评估委托书，并与其签订房屋征收评估委托合同。

房屋征收评估委托书应当载明委托人的名称、委托的房地产价格评估机构的名称、评估目的、评估对象范围、评估要求以及委托日期等内容。

房屋征收评估委托合同应当载明下列事项：

（一）委托人和房地产价格评估机构的基本情况；

（二）负责本评估项目的注册房地产估价师；

（三）评估目的、评估对象、评估时点等评估基本事项；

（四）委托人应提供的评估所需资料；

（五）评估过程中双方的权利和义务；

（六）评估费用及收取方式；

（七）评估报告交付时间、方式；

（八）违约责任；

（九）解决争议的方法；

（十）其他需要载明的事项。

第七条 房地产价格评估机构应当指派与房屋征收评估项目工作量相适应的足够数量的注册房地产估价师开展评估工作。

房地产价格评估机构不得转让或者变相转让受托的房屋征收评估业务。

第八条 被征收房屋价值评估目的应当表述为“为房屋征收部门与被征收人确定被征收房屋价值的补偿提供依据，评估被征收房屋的价值”。

用于产权调换房屋价值评估目的应当表述为“为房屋征收部门与被征收人计算被征收房屋价值与用于产权调换房屋价值的差价提供依据，评估用于产权调换房屋的价值”。

第九条 房屋征收评估前，房屋征收部门应当组织有关单位对被征收房屋情况进行调查，明确评估对象。评估对象应当全面、客观，不得遗漏、虚构。

房屋征收部门应当向受托的房地产价格评估机构提供征收范围内房屋情况，包括已经登记的房屋情况和未经登记建筑的认定、处理结果情况。调查结果应当在房屋征收范围内向被征收人公布。

对于已经登记的房屋，其性质、用途和建筑面积，一般以房屋权属证书和房屋登记簿的记载为准；房屋权属证书与房屋登记簿的记载不一致的，除有证据证明房屋登记簿确有错误外，以房屋登记簿为准。对于未经登记的建筑，应当按照市、县级人民政府的认定、处理结果进行评估。

第十条 被征收房屋价值评估时点为房屋征收决定公告之日。

用于产权调换房屋价值评估时点应当与被征收房屋价值评估时点一致。

第十一条 被征收房屋价值是指被征收房屋及其占用范围内的土地使用权在正常交易情况下，由熟悉情况的交易双方以公平交易方式在评估时点自愿进行交易的金额，但不考虑被征收房屋租赁、抵押、查封等因素的影响。

前款所述不考虑租赁因素的影响，是指评估被征收房屋无租约限制的价值；不考虑抵押、查封因素的影响，是指评估价值中不扣除被征收房屋已抵押担保的债权数额、拖欠的建设工程价款和其他法定优先受偿款。

第十二条 房地产价格评估机构应当安排注册房地产估价师对被征收房屋进行实地查勘，调查被征收房屋状况，拍摄反映被征收房屋内外部状况的照片等影像资料，做好实地查勘记录，并妥善保管。

被征收人应当协助注册房地产估价师对被征收房屋进行实地查勘，提供或者协助搜集被征收房屋价值评估所必需的情况和资料。

房屋征收部门、被征收人和注册房地产估价师应当在实地查勘记录上签字或者盖章确认。被征收人拒绝在实地查勘记录上签字或者盖章的，应当由房屋征收部门、注册房地产估价师和无利害关系的第三人见证，有关情况应当在评估报告中说明。

第十三条 注册房地产估价师应当根据评估对象和当地房地产市场状况，对市场法、收益法、成本法、假设开发法等评估方法进行适用性分析后，选用其中一种或者多种方法对被征收房屋价值进行评估。

被征收房屋的类似房地产有交易的，应当选用市场法评估；被征收房屋或者其类似房地产有经济收益的，应当选用收益法评估；被征收房屋是在建工程的，应当选用假设开发法评估。

可以同时选用两种以上评估方法评估的，应当选用两种以上评估方法评估，并对各种评估方法的测算结果进行校核和比较分析后，合理确定评估结果。

第十四条 被征收房屋价值评估应当考虑被征收房屋的区位、用途、建筑结构、新旧程度、建筑面积以及占地面积、土地使用权等影响被征收房屋价值的因素。

被征收房屋室内装饰装修价值，机器设备、物资等搬迁费用，以及停产停业损失等补偿，由征收当事人协商确定；协商不成的，可以委托房地产价格评估机构通过评估确定。

第十五条 房屋征收评估价值应当以人民币为计价的货币单位，精确到元。

第十六条 房地产价格评估机构应当按照房屋征收评估委托书或者委托合同的约定，向房屋征收部门提供分户的初步评估结果。分户的初步评估结果应当包括评估对象的构成及其基本情况和评估价值。房屋征收部门应当将分户的初步评估结果在征收范围内向被征收人公示。

公示期间，房地产价格评估机构应当安排注册房地产估价师对分户的初步评估结果进行现场说明解释。存在错误的，房地产价格评估机构应当修正。

第十七条 分户初步评估结果公示期满后，房地产价格评估机构应当向房屋征收部门提供委托评估范围内被征收房屋的整体评估报告和分户评估报告。房屋征收部门应当向被征收人转交分户评估报告。

整体评估报告和分户评估报告应当由负责房屋征收评估项目的两名以上注册房地产估价师签字，并加盖房地产价格评估机构公章。不得以印章代替签字。

第十八条 房屋征收评估业务完成后，房地产价格评估机构应当将评估报告及相关资料立卷、归档保管。

第十九条 被征收人或者房屋征收部门对评估报告有疑问的，出具评估报告的房地产价格评估机构应当向其作出解释和说明。

第二十条 被征收人或者房屋征收部门对评估结果有异议的，应当自收到评估报告之日起10日内，向房地产价格评估机构申请复核评估。

申请复核评估的，应当向原房地产价格评估机构提出书面复核评估申请，并指出评估报告存在的问题。

第二十一条 原房地产价格评估机构应当自收到书面复核评估申请之日起10日内对评估结果进行复核。复核后，改变原评估结果的，应当重新出具评估报告；评估结果没有改变的，应当书面告知复核评估申请人。

第二十二条 被征收人或者房屋征收部门对原房地产价格评估机构的复核结果有异议的，应当自收到复核结果之日起10日内，向被征收房屋所在地评估专家委员会申请鉴定。被征收人对补偿仍有异议的，按照《国有土地上房屋征收与补偿条例》第二十六条规定处理。

第二十三条 各省、自治区住房城乡建设主管部门和设区城市的房地产管理部门应当组织成立评估专家委员会，对房地产价格评估机构做出的复核结果进行鉴定。

评估专家委员会由房地产估价师以及价格、房地产、土地、城市规划、法律等方面的专家组成。

第二十四条 评估专家委员会应当选派成员组成专家组，对复核结果进行鉴定。专家组成员为3人以上单数，其中房地产估价师不得少于二分之一。

第二十五条 评估专家委员会应当自收到鉴定申请之日起10日内，对申请鉴定评估报告的评估程序、评估依据、评估假设、评估技术路线、评估方法选用、参数选取、评估结果确定方式等评估技术问题进行审核，出具书面鉴定意见。

经评估专家委员会鉴定，评估报告不存在技术问题的，应当维持评估报告；评估报告存在技术问题的，出具评估报告的房地产价格评估机构应当改正错误，重新出具评估报告。

第二十六条 房屋征收评估鉴定过程中，房地产价格评估机构应当按照评估专家委员会要求，就鉴定涉及的评估相关事宜进行说明。需要对被征收房屋进行实地查勘和调查的，有关单位和个人应当协助。

第二十七条 因房屋征收评估、复核评估、鉴定工作需要查询被征收房屋和用于产权调换房屋权属以及相关房地产交易信息的，房地产管理部门及其他相关部门应当提供便利。

第二十八条 在房屋征收评估过程中，房屋征收部门或者被征收人不配合、不提供相关资料的，房地产价格评估机构应当在评估报告中说明有关情况。

第二十九条 除政府对用于产权调换房屋价格有特别规定外，应当以评估方式确定用于产权调换房屋的市场价值。

第三十条 被征收房屋的类似房地产是指与被征收房屋的区位、用途、权利性质、档次、新旧程度、规模、建筑结构等相同或者相似的房地产。

被征收房屋类似房地产的市场价格是指被征收房屋的类似房地产在评估时点的平均交易价格。确定被征收房屋类似房地产的市场价格，应当剔除偶然的和不正常的因素。

第三十一条 房屋征收评估、鉴定费用由委托人承担。但鉴定改变原评估结果的，鉴定费用由原房地产价格评估机构承担。复核评估费用由原房地产价格评估机构承担。房屋征收评估、鉴定费用按照政府价格主管部门规定的收费标准执行。

第三十二条 在房屋征收评估活动中，房地产价格评估机构和房地产估价师的违法违规行为，按照《国有土地上房屋征收与补偿条例》、《房地产估价机构管理办法》、《注册房地产估价师管理办法》等规定处罚。违反规定收费的，由政府价格主管部门依照《中华人民共和国价格法》规定处罚。

第三十三条 本办法自公布之日起施行。2003 年 12 月 1 日原建设部发布的《城市房屋拆迁估价指导意见》同时废止。但《国有土地上房屋征收与补偿条例》施行前已依法取得房屋拆迁许可证的项目，继续沿用原有规定。

国有土地上房屋征收与补偿条例

（2011年1月19日国务院第141次常务会议通过 2011年1月21日中华人民共和国国务院令第590号公布 自公布之日起施行）

第一章 总 则

第一条 为了规范国有土地上房屋征收与补偿活动，维护公共利益，保障被征收房屋所有权人的合法权益，制定本条例。

第二条 为了公共利益的需要，征收国有土地上单位、个人的房屋，应当对被征收房屋所有权人（以下称被征收人）给予公平补偿。

第三条 房屋征收与补偿应当遵循决策民主、程序正当、结果公开的原则。

第四条 市、县级人民政府负责本行政区域的房屋征收与补偿工作。

市、县级人民政府确定的房屋征收部门（以下称房屋征收部门）组织实施本行政区域的房屋征收与补偿工作。

市、县级人民政府有关部门应当依照本条例的规定和本级人民政府规定的职责分工，互相配合，保障房屋征收与补偿工作的顺利进行。

第五条 房屋征收部门可以委托房屋征收实施单位，承担房屋征收与补偿的具体工作。房屋征收实施单位不得以营利为目的。

房屋征收部门对房屋征收实施单位在委托范围内实施的房屋征收与补偿行为负责监督，并对其行为后果承担法律责任。

第六条 上级人民政府应当加强对下级人民政府房屋征收与补偿工作的监督。

国务院住房城乡建设主管部门和省、自治区、直辖市人民政府住房城乡建设主管部门应当会同同级财政、国土资源、发展改革等有关部门，加强对房屋征收与补偿实施工作的指导。

第七条 任何组织和个人对违反本条例规定的行为，都有权向有关人民政府、房屋征收部门和其他有关部门举报。接到举报的有关人民政府、房屋征收部门和其他有关部门对举报应当及时核实、处理。

监察机关应当加强对参与房屋征收与补偿工作的政府和有关部门或者单位及其工作人员的监察。

第二章 征收决定

第八条 为了保障国家安全、促进国民经济和社会发展等公共利益的需要，有下列情形之一，确需征收房屋的，由市、县级人民政府作出房屋征收决定：

（一）国防和外交的需要；

（二）由政府组织实施的能源、交通、水利等基础设施建设的需要；

（三）由政府组织实施的科技、教育、文化、卫生、体育、环境和资源保护、防灾减灾、文物保护、社会福利、市政公用等公共事业的需要；

（四）由政府组织实施的保障性安居工程建设的需要；

（五）由政府依照城乡规划法有关规定组织实施的对危房集中、基础设施落后等地段进行旧城区改建的需要；

（六）法律、行政法规规定的其他公共利益的需要。

第九条 依照本条例第八条规定，确需征收房屋的各项建设活动，应当符合国民经济和社会发展规划、土地利用总体规划、城乡规划和专项规划。保障性安居工程建设、旧城区改建，应当纳入市、县级国民经济和社会发展年度计划。

制定国民经济和社会发展规划、土地利用总体规划、城乡规划和专项规划，应当广泛征求社会公众意见，经过科学论证。

第十条 房屋征收部门拟定征收补偿方案，报市、县级人民政府。

市、县级人民政府应当组织有关部门对征收补偿方案进行论证并予以公布，征求公众意见。征求意见期限不得少于30日。

第十一条 市、县级人民政府应当将征求意见情况和根据公众意见修改的情况及时公布。

因旧城区改建需要征收房屋，多数被征收人认为征收补偿方案不符合本条例规定的，市、县级人民政府应当组织由被征收人和公众代表参加的听证会，并根据听证会情况修改方案。

第十二条 市、县级人民政府作出房屋征收决定前，应当按照有关规定进行社会稳定风险评估；房屋征收决定涉及被征收人数量较多的，应当经政府常务会议讨论决定。

作出房屋征收决定前，征收补偿费用应当足额到位、专户存储、专款专用。

第十三条 市、县级人民政府作出房屋征收决定后应当及时公告。公告应当载明征收补偿方案和行政复议、行政诉讼权利等事项。

市、县级人民政府及房屋征收部门应当做好房屋征收与补偿的宣传、解释工作。

房屋被依法征收的，国有土地使用权同时收回。

第十四条 被征收人对市、县级人民政府作出的房屋征收决定不服的，可以依法申请行政复议，也可以依法提起行政诉讼。

第十五条 房屋征收部门应当对房屋征收范围内房屋的权属、区位、用途、建筑面积等情况组织调查登记，被征收人应当予以配合。调查结果应当在房屋征收范围内向被征收人公布。

第十六条 房屋征收范围确定后，不得在房屋征收范围内实施新建、扩建、改建房屋和改变房屋用途等不当增加补偿费用的行为；违反规定实施的，不予补偿。

房屋征收部门应当将前款所列事项书面通知有关部门暂停办理相关手续。暂停办理相关手续的书面通知应当载明暂停期限。暂停期限最长不得超过1年。

第三章 补　偿

第十七条　作出房屋征收决定的市、县级人民政府对被征收人给予的补偿包括：

（一）被征收房屋价值的补偿；

（二）因征收房屋造成的搬迁、临时安置的补偿；

（三）因征收房屋造成的停产停业损失的补偿。

市、县级人民政府应当制定补助和奖励办法，对被征收人给予补助和奖励。

第十八条　征收个人住宅，被征收人符合住房保障条件的，作出房屋征收决定的市、县级人民政府应当优先给予住房保障。具体办法由省、自治区、直辖市制定。

第十九条　对被征收房屋价值的补偿，不得低于房屋征收决定公告之日被征收房屋类似房地产的市场价格。被征收房屋的价值，由具有相应资质的房地产价格评估机构按照房屋征收评估办法评估确定。

对评估确定的被征收房屋价值有异议的，可以向房地产价格评估机构申请复核评估。对复核结果有异议的，可以向房地产价格评估专家委员会申请鉴定。

房屋征收评估办法由国务院住房城乡建设主管部

门制定，制定过程中，应当向社会公开征求意见。

第二十条 房地产价格评估机构由被征收人协商选定；协商不成的，通过多数决定、随机选定等方式确定，具体办法由省、自治区、直辖市制定。

房地产价格评估机构应当独立、客观、公正地开展房屋征收评估工作，任何单位和个人不得干预。

第二十一条 被征收人可以选择货币补偿，也可以选择房屋产权调换。

被征收人选择房屋产权调换的，市、县级人民政府应当提供用于产权调换的房屋，并与被征收人计算、结清被征收房屋价值与用于产权调换房屋价值的差价。

因旧城区改建征收个人住宅，被征收人选择在改建地段进行房屋产权调换的，作出房屋征收决定的市、县级人民政府应当提供改建地段或者就近地段的房屋。

第二十二条 因征收房屋造成搬迁的，房屋征收部门应当向被征收人支付搬迁费；选择房屋产权调换的，产权调换房屋交付前，房屋征收部门应当向被征收人支付临时安置费或者提供周转用房。

第二十三条 对因征收房屋造成停产停业损失的补偿，根据房屋被征收前的效益、停产停业期限等因素确定。具体办法由省、自治区、直辖市制定。

第二十四条 市、县级人民政府及其有关部门应当依法加强对建设活动的监督管理，对违反城乡规划进行建设的，依法予以处理。

市、县级人民政府作出房屋征收决定前，应当组织有关部门依法对征收范围内未经登记的建筑进行调查、认定和处理。对认定为合法建筑和未超过批准期限的临时建筑的，应当给予补偿；对认定为违法建筑和超过批准期限的临时建筑的，不予补偿。

第二十五条 房屋征收部门与被征收人依照本条例的规定，就补偿方式、补偿金额和支付期限、用于产权调换房屋的地点和面积、搬迁费、临时安置费或者周转用房、停产停业损失、搬迁期限、过渡方式和过渡期限等事项，订立补偿协议。

补偿协议订立后，一方当事人不履行补偿协议约定的义务的，另一方当事人可以依法提起诉讼。

第二十六条 房屋征收部门与被征收人在征收补偿方案确定的签约期限内达不成补偿协议，或者被征收房屋所有权人不明确的，由房屋征收部门报请作出房屋征收决定的市、县级人民政府依照本条例的规定，按照征收补偿方案作出补偿决定，并在房屋征收范围内予以公告。

补偿决定应当公平，包括本条例第二十五条第一款规定的有关补偿协议的事项。

被征收人对补偿决定不服的，可以依法申请行政复议，也可以依法提起行政诉讼。

第二十七条 实施房屋征收应当先补偿、后搬迁。

作出房屋征收决定的市、县级人民政府对被征收人给予补偿后，被征收人应当在补偿协议约定或者补偿决定确定的搬迁期限内完成搬迁。

任何单位和个人不得采取暴力、威胁或者违反规定中断供水、供热、供气、供电和道路通行等非法方式迫使被征收人搬迁。禁止建设单位参与搬迁活动。

第二十八条 被征收人在法定期限内不申请行政复议或者不提起行政诉讼，在补偿决定规定的期限内又不搬迁的，由作出房屋征收决定的市、县级人民政府依法申请人民法院强制执行。

强制执行申请书应当附具补偿金额和专户存储账号、产权调换房屋和周转用房的地点和面积等材料。

第二十九条 房屋征收部门应当依法建立房屋征收补偿档案，并将分户补偿情况在房屋征收范围内向被征收人公布。

审计机关应当加强对征收补偿费用管理和使用情况的监督，并公布审计结果。

第四章 法律责任

第三十条 市、县级人民政府及房屋征收部门的工作人员在房屋征收与补偿工作中不履行本条例规定的职责，或者滥用职权、玩忽职守、徇私舞弊的，由上级人民政府或者本级人民政府责令改正，通报批评；造成损失的，依法承担赔偿责任；对直接负责的主管人员和其他直接责任人员，依法给予处分；构成犯罪的，依法追究刑事责任。

第三十一条 采取暴力、威胁或者违反规定中断供水、供热、供气、供电和道路通行等非法方式迫使被征收人搬迁，造成损失的，依法承担赔偿责任；对直接负责的主管人员和其他直接责任人员，构成犯罪的，依法追究刑事责任；尚不构成犯罪的，依法给予处分；构成违反治安管理行为的，依法给予治安管理处罚。

第三十二条 采取暴力、威胁等方法阻碍依法进行的房屋征收与补偿工作，构成犯罪的，依法追究刑事责任；构成违反治安管理行为的，依法给予治安管理处罚。

第三十三条 贪污、挪用、私分、截留、拖欠征收补偿费用的，责令改正，追回有关款项，限期退还违法所得，对有关责任单位通报批评、给予警告；造成损失的，依法承担赔偿责任；对直接负责的主管人员和其他直接责任人员，构成犯罪的，依法追究刑事责任；尚不构成犯罪的，依法给予处分。

第三十四条 房地产价格评估机构或者房地产估价师出具虚假或者有重大差错的评估报告的，由发证机关责令限期改正，给予警告，对房地产价格评估机构并处5万元以上20万元以下罚款，对房地产估价师并处1万元以上3万元以下罚款，并记入信用档案；情节严重的，吊销资质证书、注册证书；造成损失的，依法承担赔偿责任；构成犯罪的，依法追究刑事责任。

第五章 附 则

第三十五条 本条例自公布之日起施行。2001年6月13日国务院公布的《城市房屋拆迁管理条例》同时废止。本条例施行前已依法取得房屋拆迁许可证的项目，继续沿用原有的规定办理，但政府不得责成有关部门强制拆迁。

房地产估价机构管理办法

（2005年10月12日建设部令第142号公布　自2005年12月1日起施行）

第一章　总　　则

第一条　为了规范房地产估价机构行为，维护房地产估价市场秩序，保障房地产估价活动当事人合法权益，根据《中华人民共和国城市房地产管理法》、《中华人民共和国行政许可法》和《国务院对确需保留的行政审批项目设定行政许可的决定》等法律、行政法规，制定本办法。

第二条　在中华人民共和国境内申请房地产估价机构资质，从事房地产估价活动，对房地产估价机构实施监督管理，适用本办法。

第三条　本办法所称房地产估价机构，是指依法设立并取得房地产估价机构资质，从事房地产估价活动的中介服务机构。

本办法所称房地产估价活动，包括土地、建筑物、构筑物、在建工程、以房地产为主的企业整体资产、企业整体资产中的房地产等各类房地产评估，以及因转让、抵押、城镇房屋拆迁、司法鉴定、课税、公司上市、企业改制、企业清算、资产重组、资产处置等需要进行的房地产评估。

第四条 房地产估价机构从事房地产估价活动，应当坚持独立、客观、公正的原则，执行房地产估价规范和标准。

房地产估价机构依法从事房地产估价活动，不受行政区域、行业限制。任何组织或者个人不得非法干预房地产估价活动和估价结果。

第五条 国务院建设行政主管部门负责全国房地产估价机构的监督管理工作。

省、自治区人民政府建设行政主管部门、直辖市人民政府房地产行政主管部门负责本行政区域内房地产估价机构的监督管理工作。

市、县人民政府房地产行政主管部门负责本行政区域内房地产估价机构的监督管理工作。

第六条 房地产估价行业组织应当加强房地产估价行业自律管理。

鼓励房地产估价机构加入房地产估价行业组织。

第二章　估价机构资质核准

第七条　房地产估价机构资质等级分为一、二、三级。

国务院建设行政主管部门负责一级房地产估价机构资质许可。

省、自治区人民政府建设行政主管部门、直辖市人民政府房地产行政主管部门负责二、三级房地产估价机构资质许可，并接受国务院建设行政主管部门的指导和监督。

第八条　房地产估价机构应当由自然人出资，以有限责任公司或者合伙企业形式设立。

第九条　各资质等级房地产估价机构的条件如下：

（一）一级资质

1. 机构名称有房地产估价或者房地产评估字样；

2. 从事房地产估价活动连续 6 年以上，且取得二级房地产估价机构资质 3 年以上；

3. 有限责任公司的注册资本人民币 200 万元以上，合伙企业的出资额人民币 120 万元以上；

4. 有 15 名以上专职注册房地产估价师；

5. 在申请核定资质等级之日前 3 年平均每年完成

估价标的物建筑面积50万平方米以上或者土地面积25万平方米以上；

6. 法定代表人或者执行合伙人是注册后从事房地产估价工作3年以上的专职注册房地产估价师；

7. 有限责任公司的股东中有3名以上、合伙企业的合伙人中有2名以上专职注册房地产估价师，股东或者合伙人中有一半以上是注册后从事房地产估价工作3年以上的专职注册房地产估价师；

8. 有限责任公司的股份或者合伙企业的出资额中专职注册房地产估价师的股份或者出资额合计不低于60%；

9. 有固定的经营服务场所；

10. 估价质量管理、估价档案管理、财务管理等各项企业内部管理制度健全；

11. 随机抽查的1份房地产估价报告符合《房地产估价规范》的要求；

12. 在申请核定资质等级之日前3年内无本办法第三十二条禁止的行为。

（二）二级资质

1. 机构名称有房地产估价或者房地产评估字样；

2. 取得三级房地产估价机构资质后从事房地产估价活动连续4年以上；

3. 有限责任公司的注册资本人民币100万元以上，合伙企业的出资额人民币60万元以上；

4. 有8名以上专职注册房地产估价师；

5. 在申请核定资质等级之日前3年平均每年完成估价标的物建筑面积30万平方米以上或者土地面积15万平方米以上；

6. 法定代表人或者执行合伙人是注册后从事房地产估价工作3年以上的专职注册房地产估价师；

7. 有限责任公司的股东中有3名以上、合伙企业的合伙人中有2名以上专职注册房地产估价师，股东或者合伙人中有一半以上是注册后从事房地产估价工作3年以上的专职注册房地产估价师；

8. 有限责任公司的股份或者合伙企业的出资额中专职注册房地产估价师的股份或者出资额合计不低于60%；

9. 有固定的经营服务场所；

10. 估价质量管理、估价档案管理、财务管理等各项企业内部管理制度健全；

11. 随机抽查的1份房地产估价报告符合《房地产估价规范》的要求；

12. 在申请核定资质等级之日前3年内无本办法第三十二条禁止的行为。

（三）三级资质

1. 机构名称有房地产估价或者房地产评估字样；

2. 有限责任公司的注册资本人民币 50 万元以上，合伙企业的出资额人民币 30 万元以上；

3. 有 3 名以上专职注册房地产估价师；

4. 在暂定期内完成估价标的物建筑面积 8 万平方米以上或者土地面积 3 万平方米以上；

5. 法定代表人或者执行合伙人是注册后从事房地产估价工作 3 年以上的专职注册房地产估价师；

6. 有限责任公司的股东中有 2 名以上、合伙企业的合伙人中有 2 名以上专职注册房地产估价师，股东或者合伙人中有一半以上是注册后从事房地产估价工作 3 年以上的专职注册房地产估价师；

7. 有限责任公司的股份或者合伙企业的出资额中专职注册房地产估价师的股份或者出资额合计不低于 60%；

8. 有固定的经营服务场所；

9. 估价质量管理、估价档案管理、财务管理等各项企业内部管理制度健全；

10. 随机抽查的 1 份房地产估价报告符合《房地产估价规范》的要求；

12. 在申请核定资质等级之日前 3 年内无本办法第

三十二条禁止的行为。

第十条 申请核定房地产估价机构资质等级，应当如实向资质许可机关提交下列材料：

（一）房地产估价机构资质等级申请表（一式二份，加盖申报机构公章）；

（二）房地产估价机构原资质证书正本复印件、副本原件；

（三）营业执照正、副本复印件（加盖申报机构公章）；

（四）出资证明复印件（加盖申报机构公章）；

（五）法定代表人或者执行合伙人的任职文件复印件（加盖申报机构公章）；

（六）专职注册房地产估价师证明；

（七）固定经营服务场所的证明；

（八）经工商行政管理部门备案的公司章程或者合伙协议复印件（加盖申报机构公章）及有关估价质量管理、估价档案管理、财务管理等企业内部管理制度的文件、申报机构信用档案信息；

（九）随机抽查的在申请核定资质等级之日前3年内申报机构所完成的1份房地产估价报告复印件（一式二份，加盖申报机构公章）。

申请人应当对其提交的申请材料实质内容的真实

性负责。

第十一条 新设立的中介服务机构申请房地产估价机构资质的，应当提供第十条第（一）项、第（三）项至第（八）项材料。

新设立中介服务机构的房地产估价机构资质等级应当核定为三级资质，设1年的暂定期。

第十二条 申请核定一级房地产估价机构资质的，应当向省、自治区人民政府建设行政主管部门、直辖市人民政府房地产行政主管部门提出申请，并提交本办法第十条规定的材料。

省、自治区人民政府建设行政主管部门、直辖市人民政府房地产行政主管部门应当自受理申请之日起20日内审查完毕，并将初审意见和全部申请材料报国务院建设行政主管部门。

国务院建设行政主管部门应当自受理申请材料之日起20日内作出决定。

第十三条 二、三级房地产估价机构资质由设区的市人民政府房地产行政主管部门初审，具体许可程序及办理期限由省、自治区人民政府建设行政主管部门、直辖市人民政府房地产行政主管部门依法确定。

省、自治区人民政府建设行政主管部门、直辖市人民政府房地产行政主管部门应当在作出资质许可决定之日起10日内，将准予资质许可的决定报国务院建设行政主管部门备案。

第十四条 房地产估价机构资质证书分为正本和副本，由国务院建设行政主管部门统一印制，正、副本具有同等法律效力。

房地产估价机构遗失资质证书的，应当在公众媒体上声明作废后，申请补办。

第十五条 房地产估价机构资质有效期为3年。

资质有效期届满，房地产估价机构需要继续从事房地产估价活动的，应当在资质有效期届满30日前向资质许可机关提出资质延续申请。资质许可机关应当根据申请作出是否准予延续的决定。准予延续的，有效期延续3年。

在资质有效期内遵守有关房地产估价的法律、法规、规章、技术标准和职业道德的房地产估价机构，经原资质许可机关同意，不再审查，有效期延续3年。

第十六条 房地产估价机构的名称、法定代表人或者执行合伙人、注册资本或者出资额、组织形式、住所等事项发生变更的，应当在工商行政管理部门办理变更手续后30日内，到资质许可机关办理资质证书变更手续。

第十七条 房地产估价机构合并的，合并后存续或者新设立的房地产估价机构可以承继合并前各方中较高的资质等级，但应当符合相应的资质等级条件。

房地产估价机构分立的，只能由分立后的一方房地产估价机构承继原房地产估价机构资质，但应当符合原房地产估价机构资质等级条件。承继原房地产估价机构资质的一方由各方协商确定；其他各方按照新设立的中介服务机构申请房地产估价机构资质。

第十八条 房地产估价机构的工商登记注销后，其资质证书失效。

第三章 分支机构的设立

第十九条 一级资质房地产估价机构可以按照本办法第二十条的规定设立分支机构。二、三级资质房地产估价机构不得设立分支机构。

分支机构应当以设立该分支机构的房地产估价机构的名义出具估价报告，并加盖该房地产估价机构公章。

第二十条 分支机构应当具备下列条件：

（一）名称采用“房地产估价机构名称 + 分支机构所在地行政区划名 + 分公司（分所）”的形式；

（二）分支机构负责人应当是注册后从事房地产估

价工作3年以上并无不良执业记录的专职注册房地产估价师；

（三）在分支机构所在地有3名以上专职注册房地产估价师；

（四）有固定的经营服务场所；

（五）估价质量管理、估价档案管理、财务管理等各项内部管理制度健全。

注册于分支机构的专职注册房地产估价师，不计入设立分支机构的房地产估价机构的专职注册房地产估价师人数。

第二十一条 新设立的分支机构，应当自领取分支机构营业执照之日起30日内，到分支机构工商注册所在地的省、自治区人民政府建设行政主管部门、直辖市人民政府房地产行政主管部门备案。

省、自治区人民政府建设行政主管部门、直辖市人民政府房地产行政主管部门应当在接受备案后10日内，告知分支机构工商注册所在地的市、县人民政府房地产行政主管部门，并报国务院建设行政主管部门备案。

第二十二条 分支机构备案，应当提交下列材料：

（一）分支机构的营业执照复印件；

（二）房地产估价机构资质证书正本复印件；

（三）分支机构及设立该分支机构的房地产估价机构负责人的身份证明；

（四）拟在分支机构执业的专职注册房地产估价师注册证书复印件。

第二十三条 分支机构变更名称、负责人、住所等事项或房地产估价机构撤销分支机构，应当在工商行政管理部门办理变更或者注销登记手续后30日内，报原备案机关备案。

第四章 估价管理

第二十四条 从事房地产估价活动的机构，应当依法取得房地产估价机构资质，并在其资质等级许可范围内从事估价业务。

一级资质房地产估价机构可以从事各类房地产估价业务。

二级资质房地产估价机构可以从事除公司上市、企业清算以外的房地产估价业务。

三级资质房地产估价机构可以从事除公司上市、企业清算、司法鉴定以外的房地产估价业务。

暂定期内的三级资质房地产估价机构可以从事除公司上市、企业清算、司法鉴定、城镇房屋拆迁、在建工程抵押以外的房地产估价业务。

第二十五条 房地产估价业务应当由房地产估价机构统一接受委托，统一收取费用。

房地产估价师不得以个人名义承揽估价业务，分支机构应当以设立该分支机构的房地产估价机构名义承揽估价业务。

第二十六条 房地产估价机构及执行房地产估价业务的估价人员与委托人或者估价业务相对人有利害关系的，应当回避。

第二十七条 房地产估价机构承揽房地产估价业务，应当与委托人签订书面估价委托合同。

估价委托合同应当包括下列内容：

（一）委托人的名称或者姓名和住所；

（二）估价机构的名称和住所；

（三）估价对象；

（四）估价目的；

（五）估价时点；

（六）委托人的协助义务；

（七）估价服务费及其支付方式；

（八）估价报告交付的日期和方式；

（九）违约责任；

（十）解决争议的方法。

第二十八条 房地产估价机构未经委托人书面同意，不得转让受托的估价业务。

经委托人书面同意，房地产估价机构可以与其他房地产估价机构合作完成估价业务，以合作双方的名义共同出具估价报告。

第二十九条 委托人及相关当事人应当协助房地产估价机构进行实地查勘，如实向房地产估价机构提供估价所必需的资料，并对其所提供资料的真实性负责。

第三十条 房地产估价机构和注册房地产估价师因估价需要向房地产行政主管部门查询房地产交易、登记信息时，房地产行政主管部门应当提供查询服务，但涉及国家秘密、商业秘密和个人隐私的内容除外。

第三十一条 房地产估价报告应当由房地产估价机构出具，加盖房地产估价机构公章，并有至少2名专职注册房地产估价师签字。

第三十二条 房地产估价机构不得有下列行为：

（一）涂改、倒卖、出租、出借或者以其他形式非法转让资质证书；

（二）超越资质等级业务范围承接房地产估价业务；

（三）以迎合高估或者低估要求、给予回扣、恶意压低收费等方式进行不正当竞争；

（四）违反房地产估价规范和标准；

（五）出具有虚假记载、误导性陈述或者重大遗漏的估价报告；

（六）擅自设立分支机构；

（七）未经委托人书面同意，擅自转让受托的估价业务；

（八）法律、法规禁止的其他行为。

第三十三条 房地产估价机构应当妥善保管房地产估价报告及相关资料。

房地产估价报告及相关资料的保管期限自估价报告出具之日起不得少于10年。保管期限届满而估价服务的行为尚未结束的，应当保管到估价服务的行为结束为止。

第三十四条 除法律、法规另有规定外，未经委托人书面同意，房地产估价机构不得对外提供估价过程中获知的当事人的商业秘密和业务资料。

第三十五条 房地产估价机构应当加强对执业人员的职业道德教育和业务培训，为本机构的房地产估价师参加继续教育提供必要的条件。

第三十六条 县级以上人民政府房地产行政主管部门应当依照有关法律、法规和本办法的规定，对房地产估价机构和分支机构的设立、估价业务及执行房地产估价规范和标准的情况实施监督检查。

第三十七条 县级以上人民政府房地产行政主管部门履行监督检查职责时，有权采取下列措施：

（一）要求被检查单位提供房地产估价机构资质证书、房地产估价师注册证书，有关房地产估价业务的文档，有关估价质量管理、估价档案管理、财务管理等企业内部管理制度的文件；

（二）进入被检查单位进行检查，查阅房地产估价报告以及估价委托合同、实地查勘记录等估价相关资料；

（三）纠正违反有关法律、法规和本办法及房地产估价规范和标准的行为。

县级以上人民政府房地产行政主管部门应当将监督检查的处理结果向社会公布。

第三十八条 县级以上人民政府房地产行政主管部门进行监督检查时，应当有两名以上监督检查人员参加，并出示执法证件，不得妨碍被检查单位的正常经营活动，不得索取或者收受财物、谋取其他利益。

有关单位和个人对依法进行的监督检查应当协助与配合，不得拒绝或者阻挠。

第三十九条 房地产估价机构违法从事房地产估价活动的，违法行为发生地的县级以上地方人民政府房地产行政主管部门应当依法查处，并将违法事实、处理结果及处理建议及时报告该估价机构资质的许可机关。

第四十条 有下列情形之一的，资质许可机关或者其上级机关，根据利害关系人的请求或者依据职权，可以撤销房地产估价机构资质：

（一）资质许可机关工作人员滥用职权、玩忽职守作出准予房地产估价机构资质许可的；

（二）超越法定职权作出准予房地产估价机构资质许可的；

（三）违反法定程序作出准予房地产估价机构资质许可的；

（四）对不符合许可条件的申请人作出准予房地产估价机构资质许可的；

（五）依法可以撤销房地产估价机构资质的其他情形。

房地产估价机构以欺骗、贿赂等不正当手段取得房地产估价机构资质的，应当予以撤销。

第四十一条 房地产估价机构取得房地产估价机构资质后，不再符合相应资质条件的，资质许可机关根据利害关系人的请求或者依据职权，可以责令其限期改正；逾期不改的，可以撤回其资质。

第四十二条 有下列情形之一的，资质许可机关应当依法注销房地产估价机构资质：

（一）房地产估价机构资质有效期届满未延续的；

（二）房地产估价机构依法终止的；

（三）房地产估价机构资质被撤销、撤回，或者房地产估价资质证书依法被吊销的；

（四）法律、法规规定的应当注销房地产估价机构资质的其他情形。

第四十三条 资质许可机关或者房地产估价行业组织应当建立房地产估价机构信用档案。

房地产估价机构应当按照要求提供真实、准确、完整的房地产估价信用档案信息。

房地产估价机构信用档案应当包括房地产估价机构的基本情况、业绩、良好行为、不良行为等内容。违法行为、被投诉举报处理、行政处罚等情况应当作为房地产估价机构的不良记录记入其信用档案。

房地产估价机构的不良行为应当作为该机构法定代表人或者执行合伙人的不良行为记入其信用档案。

任何单位和个人有权查阅信用档案。

第五章 法律责任

第四十四条 申请人隐瞒有关情况或者提供虚假

材料申请房地产估价机构资质的，资质许可机关不予受理或者不予行政许可，并给予警告，申请人在1年内不得再次申请房地产估价机构资质。

第四十五条 以欺骗、贿赂等不正当手段取得房地产估价机构资质的，由资质许可机关给予警告，并处1万元以上3万元以下的罚款，申请人3年内不得再次申请房地产估价机构资质。

第四十六条 未取得房地产估价机构资质从事房地产估价活动或者超越资质等级承揽估价业务的，出具的估价报告无效，由县级以上人民政府房地产行政主管部门给予警告，责令限期改正，并处1万元以上3万元以下的罚款；造成当事人损失的，依法承担赔偿责任。

第四十七条 违反本办法第十六条规定，房地产估价机构不及时办理资质证书变更手续的，由资质许可机关责令限期办理；逾期不办理的，可处1万元以下的罚款。

第四十八条 有下列行为之一的，由县级以上人民政府房地产行政主管部门给予警告，责令限期改正，并可处1万元以上2万元以下的罚款：

（一）违反本办法第十九条第一款规定设立分支机构的；

（二）违反本办法第二十条规定设立分支机构的；

（三）违反本办法第二十一条第一款规定，新设立的分支机构不备案的。

第四十九条 有下列行为之一的，由县级以上人民政府房地产行政主管部门给予警告，责令限期改正；逾期未改正的，可处5千元以上2万元以下的罚款；给当事人造成损失的，依法承担赔偿责任：

（一）违反本办法第二十五条规定承揽业务的；

（二）违反本办法第二十八条第一款规定，擅自转让受托的估价业务的；

（三）违反本办法第十九条第二款、第二十八条第二款、第三十一条规定出具估价报告的。

第五十条 违反本办法第二十六条规定，房地产估价机构及其估价人员应当回避未回避的，由县级以上人民政府房地产行政主管部门给予警告，责令限期改正，并可处1万元以下的罚款；给当事人造成损失的，依法承担赔偿责任。

第五十一条 违反本办法第三十条规定，房地产行政主管部门拒绝提供房地产交易、登记信息查询服务的，由其上级房地产行政主管部门责令改正。

第五十二条 房地产估价机构有本办法第三十二条行为之一的，由县级以上人民政府房地产行政主管部门给予警告，责令限期改正，并处1万元以上3万元以下的罚款；给当事人造成损失的，依法承担赔偿责任；构成犯罪的，依法追究刑事责任。

第五十三条 违反本办法第三十四条规定，房地产估价机构擅自对外提供估价过程中获知的当事人的商业秘密和业务资料，给当事人造成损失的，依法承担赔偿责任；构成犯罪的，依法追究刑事责任。

第五十四条 资质许可机关有下列情形之一的，由其上级行政主管部门或者监察机关责令改正，对直接负责的主管人员和其他直接责任人员依法给予处分；构成犯罪的，依法追究刑事责任：

（一）对不符合法定条件的申请人准予房地产估价机构资质许可或者超越职权作出准予房地产估价机构资质许可决定的；

（二）对符合法定条件的申请人不予房地产估价机构资质许可或者不在法定期限内作出准予房地产估价机构资质许可决定的；

（三）利用职务上的便利，收受他人财物或者其他利益的；

（四）不履行监督管理职责，或者发现违法行为不予查处的。

第六章　附　　则

第五十五条　本办法自 2005 年 12 月 1 日起施行。1997 年 1 月 9 日建设部颁布的《关于房地产价格评估机构资格等级管理的若干规定》（建房〔1997〕12 号）同时废止。

本办法施行前建设部发布的规章的规定与本办法的规定不一致的，以本办法为准。

注册房地产估价师管理办法

（2006 年 12 月 25 日建设部令第 151 号公布 自 2007 年 3 月 1 日起施行）

第一章 总 则

第一条 为了加强对注册房地产估价师的管理，完善房地产价格评估制度和房地产价格评估人员资格认证制度，规范注册房地产估价师行为，维护公共利益和房地产估价市场秩序，根据《中华人民共和国城市房地产管理法》、《中华人民共和国行政许可法》等有关法律、行政法规，制定本办法。

第二条 中华人民共和国境内注册房地产估价师的注册、执业、继续教育和监督管理，适用本办法。

第三条 本办法所称注册房地产估价师，是指通过全国房地产估价师执业资格考试或者资格认定、资格互认，取得中华人民共和国房地产估价师执业资格（以下简称执业资格），并按照本办法注册，取得中华人民共和国房地产估价师注册证书（以下简称注册证书），从事房地产估价活动的人员。

第四条 注册房地产估价师实行注册执业管理制度。

取得执业资格的人员，经过注册方能以注册房地产估价师的名义执业。

第五条 国务院建设主管部门对全国注册房地产估价师注册、执业活动实施统一监督管理。

省、自治区、直辖市人民政府建设（房地产）主管部门对本行政区域内注册房地产估价师的注册、执业活动实施监督管理。

市、县、市辖区人民政府建设（房地产）主管部门对本行政区域内注册房地产估价师的执业活动实施监督管理。

第六条 房地产估价行业组织应当加强注册房地产估价师自律管理。

鼓励注册房地产估价师加入房地产估价行业组织。

第二章 注 册

第七条 注册房地产估价师的注册条件为：

（一）取得执业资格；

（二）达到继续教育合格标准；

（三）受聘于具有资质的房地产估价机构；

（四）无本办法第十四条规定不予注册的情形。

第八条 申请注册的，应当向聘用单位或者其分支机构工商注册所在地的省、自治区、直辖市人民政府建设（房地产）主管部门提出注册申请。

对申请初始注册的，省、自治区、直辖市人民政府建设（房地产）主管部门应当自受理申请之日起20日内审查完毕，并将申请材料和初审意见报国务院建设主管部门。国务院建设主管部门应当自受理之日起20日内作出决定。

对申请变更注册、延续注册的，省、自治区、直辖市人民政府建设（房地产）主管部门应当自受理申请之日起5日内审查完毕，并将申请材料和初审意见报国务院建设主管部门。国务院建设主管部门应当自受理之日起10日内作出决定。

注册房地产估价师的初始、变更、延续注册，逐步实行网上申报、受理和审批。

第九条 注册证书是注册房地产估价师的执业凭证。注册有效期为3年。

第十条 申请初始注册，应当提交下列材料：

（一）初始注册申请表；

（二）执业资格证件和身份证件复印件；

（三）与聘用单位签订的劳动合同复印件；

（四）取得执业资格超过3年申请初始注册的，应当提供达到继续教育合格标准的证明材料；

（五）聘用单位委托人才服务中心托管人事档案的证明和社会保险缴纳凭证复印件；或者劳动、人事部门颁发的离退休证复印件；或者外国人就业证书、台港澳人员就业证书复印件。

第十一条 注册有效期满需继续执业的，应当在注册有效期满30日前，按照本办法第八条规定的程序申请延续注册；延续注册的，注册有效期为3年。

延续注册需要提交下列材料：

（一）延续注册申请表；

（二）与聘用单位签订的劳动合同复印件；

（三）申请人注册有效期内达到继续教育合格标准的证明材料。

第十二条 注册房地产估价师变更执业单位，应当与原聘用单位解除劳动合同，并按本办法第八条规定的程序办理变更注册手续，变更注册后延续原注册有效期。

变更注册需要提交下列材料：

（一）变更注册申请表；

（二）与新聘用单位签订的劳动合同复印件；

（三）与原聘用单位解除劳动合同的证明文件；

（四）聘用单位委托人才服务中心托管人事档案的证明和社会保险缴纳凭证复印件；或者劳动、人事部门颁发的离退休证复印件；或者外国人就业证书、台港澳人员就业证书复印件。

第十三条 取得执业资格的人员，申请在新设立房地产估价机构、分支机构执业的，应当在申报房地产估价机构资质或者分支机构备案的同时，办理注册手续。

第十四条 申请人有下列情形之一的，不予注册：

（一）不具有完全民事行为能力的；

（二）刑事处罚尚未执行完毕的；

（三）因房地产估价及相关业务活动受刑事处罚，自刑事处罚执行完毕之日起至申请注册之日止不满5年的；

（四）因前项规定以外原因受刑事处罚，自刑事处罚执行完毕之日起至申请注册之日止不满3年的；

（五）被吊销注册证书，自被处罚之日起至申请注册之日止不满3年的；

（六）以欺骗、贿赂等不正当手段获准的房地产估价师注册被撤销，自被撤销注册之日起至申请注册之日止不满3年的；

（七）申请在2个或者2个以上房地产估价机构执业的；

（八）为现职公务员的；

（九）年龄超过65周岁的；

（十）法律、行政法规规定不予注册的其他情形。

第十五条 注册房地产估价师有下列情形之一的，其注册证书失效：

（一）聘用单位破产的；

（二）聘用单位被吊销营业执照的；

（三）聘用单位被吊销或者撤回房地产估价机构资质证书的；

（四）已与聘用单位解除劳动合同且未被其他房地产估价机构聘用的；

（五）注册有效期满且未延续注册的；

（六）年龄超过65周岁的；

（七）死亡或者不具有完全民事行为能力的；

（八）其他导致注册失效的情形。

第十六条 有下列情形之一的，注册房地产估价师应当及时向国务院建设主管部门提出注销注册的申请，交回注册证书，国务院建设主管部门应当办理注销手续，公告其注册证书作废：

（一）有本办法第十五条所列情形发生的；

（二）依法被撤销注册的；

（三）依法被吊销注册证书的；

（四）受到刑事处罚的；

（五）法律、法规规定应当注销注册的其他情形。

注册房地产估价师有前款所列情形之一的，有关单位和个人有权向国务院建设主管部门举报；县级以上地方人民政府建设（房地产）主管部门应当及时报告国务院建设主管部门。

第十七条 被注销注册者或者不予注册者，在具备注册条件后，可以按照本办法第八条第一款、第二款规定的程序申请注册。

第十八条 注册房地产估价师遗失注册证书的，应当在公众媒体上声明后，按照本办法第八条第一款、第三款规定的程序申请补发。

第三章 执 业

第十九条 取得执业资格的人员，应当受聘于一个具有房地产估价机构资质的单位，经注册后方可从事房地产估价执业活动。

第二十条 注册房地产估价师可以在全国范围内

开展与其聘用单位业务范围相符的房地产估价活动。

第二十一条 注册房地产估价师从事执业活动，由聘用单位接受委托并统一收费。

第二十二条 在房地产估价过程中给当事人造成经济损失，聘用单位依法应当承担赔偿责任的，可依法向负有过错的注册房地产估价师追偿。

第二十三条 注册房地产估价师在每一注册有效期内应当达到国务院建设主管部门规定的继续教育要求。

注册房地产估价师继续教育分为必修课和选修课，每一注册有效期各为60学时。经继续教育达到合格标准的，颁发继续教育合格证书。

注册房地产估价师继续教育，由中国房地产估价师与房地产经纪人学会负责组织。

第二十四条 注册房地产估价师享有下列权利：

（一）使用注册房地产估价师名称；

（二）在规定范围内执行房地产估价及相关业务；

（三）签署房地产估价报告；

（四）发起设立房地产估价机构；

（五）保管和使用本人的注册证书；

（六）对本人执业活动进行解释和辩护；

（七）参加继续教育；

（八）获得相应的劳动报酬；

（九）对侵犯本人权利的行为进行申诉。

第二十五条 注册房地产估价师应当履行下列义务：

（一）遵守法律、法规、行业管理规定和职业道德规范；

（二）执行房地产估价技术规范和标准；

（三）保证估价结果的客观公正，并承担相应责任；

（四）保守在执业中知悉的国家秘密和他人的商业、技术秘密；

（五）与当事人有利害关系的，应当主动回避；

（六）接受继续教育，努力提高执业水准；

（七）协助注册管理机构完成相关工作。

第二十六条 注册房地产估价师不得有下列行为：

（一）不履行注册房地产估价师义务；

（二）在执业过程中，索贿、受贿或者谋取合同约定费用外的其他利益；

（三）在执业过程中实施商业贿赂；

（四）签署有虚假记载、误导性陈述或者重大遗漏的估价报告；

（五）在估价报告中隐瞒或者歪曲事实；

（六）允许他人以自己的名义从事房地产估价业

务；

（七）同时在2个或者2个以上房地产估价机构执业；

（八）以个人名义承揽房地产估价业务；

（九）涂改、出租、出借或者以其他形式非法转让注册证书；

（十）超出聘用单位业务范围从事房地产估价活动；

（十一）严重损害他人利益、名誉的行为；

（十二）法律、法规禁止的其他行为。

第四章 监督管理

第二十七条 县级以上人民政府建设（房地产）主管部门，应当依照有关法律、法规和本办法的规定，对注册房地产估价师的注册、执业和继续教育情况实施监督检查。

第二十八条 国务院建设主管部门应当将注册房地产估价师注册信息告知省、自治区、直辖市建设（房地产）主管部门。

省、自治区人民政府建设（房地产）主管部门应当将注册房地产估价师注册信息告知本行政区域内市、县人民政府建设（房地产）主管部门。直辖市人民政府建设（房地产）主管部门应当将注册房地产估价师注册信息告知本行政区域内市、县、市辖区人民政府建设（房地产）主管部门。

第二十九条 县级以上人民政府建设（房地产）主管部门履行监督检查职责时，有权采取下列措施：

（一）要求被检查人员出示注册证书；

（二）要求被检查人员所在聘用单位提供有关人员签署的估价报告及相关业务文档；

（三）就有关问题询问签署估价报告的人员；

（四）纠正违反有关法律、法规和本办法及房地产估价规范和标准的行为。

第三十条 注册房地产估价师违法从事房地产估价活动的，违法行为发生地直辖市、市、县、市辖区人民政府建设（房地产）主管部门应当依法查处，并将违法事实、处理结果告知注册房地产估价师注册所在地的省、自治区、直辖市建设（房地产）主管部门；依法需撤销注册的，应当将违法事实、处理建议及有关材料报国务院建设主管部门。

第三十一条 有下列情形之一的，国务院建设主管部门依据职权或者根据利害关系人的请求，可以撤销房地产估价师注册：

（一）注册机关工作人员滥用职权、玩忽职守作出准予房地产估价师注册行政许可的；

（二）超越法定职权作出准予房地产估价师注册许可的；

（三）违反法定程序作出准予房地产估价师注册许可的；

（四）对不符合法定条件的申请人作出准予房地产估价师注册许可的；

（五）依法可以撤销房地产估价师注册的其他情形。

申请人以欺骗、贿赂等不正当手段获准房地产估价师注册许可的，应当予以撤销。

第三十二条 注册房地产估价师及其聘用单位应当按照要求，向注册机关提供真实、准确、完整的注册房地产估价师信用档案信息。

注册房地产估价师信用档案应当包括注册房地产估价师的基本情况、业绩、良好行为、不良行为等内容。违法违规行为、被投诉举报处理、行政处罚等情况应当作为注册房地产估价师的不良行为记入其信用档案。

注册房地产估价师信用档案信息按照有关规定向社会公示。

第五章　法 律 责 任

第三十三条　隐瞒有关情况或者提供虚假材料申请房地产估价师注册的，建设（房地产）主管部门不予受理或者不予行政许可，并给予警告，在1年内不得再次申请房地产估价师注册。

第三十四条　聘用单位为申请人提供虚假注册材料的，由省、自治区、直辖市人民政府建设（房地产）主管部门给予警告，并可处以1万元以上3万元以下的罚款。

第三十五条　以欺骗、贿赂等不正当手段取得注册证书的，由国务院建设主管部门撤销其注册，3年内不得再次申请注册，并由县级以上地方人民政府建设（房地产）主管部门处以罚款，其中没有违法所得的，处以1万元以下罚款，有违法所得的，处以违法所得3倍以下且不超过3万元的罚款；构成犯罪的，依法追究刑事责任。

第三十六条　违反本办法规定，未经注册，擅自以注册房地产估价师名义从事房地产估价活动的，所签署的估价报告无效，由县级以上地方人民政府建设（房地产）主管部门给予警告，责令停止违法活动，并可处以1万元以上3万元以下的罚款；造成损失的，依法承担赔偿责任。

第三十七条 违反本办法规定，未办理变更注册仍执业的，由县级以上地方人民政府建设（房地产）主管部门责令限期改正；逾期不改正的，可处以5000元以下的罚款。

第三十八条 注册房地产估价师有本办法第二十六条行为之一的，由县级以上地方人民政府建设（房地产）主管部门给予警告，责令其改正，没有违法所得的，处以1万元以下罚款，有违法所得的，处以违法所得3倍以下且不超过3万元的罚款；造成损失的，依法承担赔偿责任；构成犯罪的，依法追究刑事责任。

第三十九条 违反本办法规定，注册房地产估价师或者其聘用单位未按照要求提供房地产估价师信用档案信息的，由县级以上地方人民政府建设（房地产）主管部门责令限期改正；逾期未改正的，可处以1000元以上1万元以下的罚款。

第四十条 县级以上地方人民政府建设（房地产）主管部门依法给予注册房地产估价师或其聘用单位行政处罚的，应当将行政处罚决定以及给予行政处罚的事实、理由和依据，报国务院建设主管部门备案。

第四十一条 县级以上人民政府建设（房地产）

主管部门，在房地产估价师注册管理工作中，有下列情形之一的，由其上级行政机关或者监察机关责令改正，对直接负责的主管人员和其他直接责任人员依法给予处分；构成犯罪的，依法追究刑事责任：

（一）对不符合本办法规定条件的申请人准予房地产估价师注册的；

（二）对符合本办法规定条件的申请人不予房地产估价师注册或者不在法定期限内作出准予注册决定的；

（三）对符合法定条件的申请不予受理或者未在法定期限内初审完毕的；

（四）利用职务上的便利，收受他人财物或者其他好处的；

（五）不依法履行监督管理职责或者监督不力，造成严重后果的。

第六章　附　　则

第四十二条　大专院校、科研院所从事房地产教学、研究的人员取得执业资格的，经所在单位同意，可以参照本办法注册，但不得担任房地产估价机构法定代表人或者执行合伙人。

第四十三条　本办法自 2007 年 3 月 1 日起施行。

1998 年 8 月 20 日发布的《房地产估价师注册管理办法》（建设部令第 64 号）、2001 年 8 月 15 日发布的《建设部关于修改〈房地产估价师注册管理办法〉的决定》（建设部令第 100 号）同时废止。